NOUVELLES Histoires drôles

D1102536

Texte original
Jeanne Olivier

Adaptation thématique
Paul Lacasse

Illustration de la couverture
Philippe Germain

Nouvelles Histoires drôles n° 93
Illustration de la couverture : Philippe Germain
Conception graphique de la couverture : Luc Boileau
© Les éditions Héritage inc. 2009
Tous droits réservés

Dépôts légaux : 1e trimestre 2009
Bibliothèque nationale du Québec
Bibliothèque nationale du Canada

ISBN : 978-2-7625-8910-8
Imprimé au Canada

Nous reconnaissons l'aide financière du gouvernement du
Canada, par l'entremise du Programme d'aide au
développement de l'industrie de l'édition (PADIÉ), pour
nos activités d'édition.

Les éditions Héritage inc.
300, rue Arran
Saint-Lambert (Québec) J4R 1K5
Téléphone : 514 875-0327
Télécopieur : 450 672-5448
Courriel : information@editionsheritage.com

À tous ceux et celles qui aiment collectionner, écouter et raconter des blagues.

INTERROGATIVES
Deuxième partie

Quelle est la meilleure chose à mettre dans une tarte ?

Ses dents.

•

La maman à son mari :

— Je crois que notre fils sera astronaute.

— Qu'est-ce qui te fait dire ça ?

— Son professeur m'a dit qu'il était toujours dans la lune !

•

Qu'est-ce que tu peux mettre dans ta main droite mais pas dans ta main gauche ?

Ton coude gauche.

•

Olivier : Qu'est-ce que le temps ?

Alexandre : C'est une chose qui passe trop lentement pendant la semaine et trop vite la fin de semaine.

•

Quel est le fruit préféré des professeurs d'histoire ?

Les dattes.

•

Un homme est penché par-dessus le garde-fou du pont Jacques-Cartier. Un policier l'aperçoit et s'approche de lui.

— Monsieur, avez-vous un problème ?

— Oui, j'ai perdu mes lunettes dans la rivière des Prairies.

— Mais monsieur, ici c'est le fleuve Saint-Laurent !

— Oh ! Moi, sans mes lunettes, je ne vois rien !

•

— Sais-tu pourquoi les chiens shitsu ont le nez plat ?

— Non.

— Parce qu'ils courent après des autos stationnées !

•

— Qu'est-ce qui arrive à un veau après l'âge de six mois?

— Je ne sais pas.

— Il a sept mois!

•

Comment les abeilles se rendent-elles à l'école?

Comment tout le monde, en auto-bzzzzzz.

•

Au restaurant:

— Comment avez-vous trouvé le steak, madame? demande le serveur.

— Complètement par hasard, sous les pommes de terre et les carottes!

•

— Pourquoi gardes-tu tes lunettes pour aller dormir?

— Pour bien voir à qui je rêve!

•

— Quel est l'insecte le plus riche?
— Je ne sais pas.
— C'est la chenille.
— Pourquoi?
— Elle se promène en manteau de fourrure!

●

À quel moment un dompteur refuse-t-il de donner des arachides à son éléphant?

Quand il se trompe.

●

David : Qu'obtient-on si on croise un cochon avec un lapin?

Daniel : Je ne sais pas.

David : Un copin!

●

Qu'est-ce qui est noir, blanc, noir, blanc, noir, blanc, noir?

Un chef d'orchestre qui déboule les escaliers.

●

Pourquoi faut-il se pencher pour voir les rabais?

Parce que ce sont des bas prix.

•

Un homme vient de passer la journée à la pêche et il n'a rien pris. Un peu gêné de rentrer chez lui bredouille, il arrête à la poissonnerie.

— Monsieur, dit-il au vendeur, je vais prendre ces trois truites-là. Pouvez-vous me les lancer, s'il vous plaît?

— Mais pourquoi?

— Comme ça, je vais pouvoir dire à ma femme que je les ai attrapées moi-même sans mentir!

•

Pourquoi les éléphants ont-ils la peau rugueuse?

Parce qu'il n'est pas facile de les repasser.

•

Un nigaud se prépare à prendre un bain de pied. Il verse de l'insecticide dans l'eau. Son copain le regarde et lui demande :

— Pourquoi tu fais ça ?

— C'est parce que j'ai des fourmis dans les jambes.

•

Est-ce qu'un œuf est un légume ou un fruit ?

C'est un chiffre (un neuf) !

•

— Pourquoi les canards ont-ils les pattes si larges ?

— Pour éteindre les buissons enflammés !

— Pourquoi les éléphants ont-ils les pattes si larges ?

— Pour éteindre les canards enflammés !

•

Lili et Lulu sont en vacances au bord de la mer.

Lili : Pourquoi te baignes-tu avec tes bas ?

Lulu : Parce que l'eau est trop froide.

●

Quel est l'animal préféré des informaticiens ?

La puce.

●

Mélanie est partie se coucher. Sa maman est assise sur le bord du lit et lui chante une berceuse. Elle en chante une deuxième. Puis une autre. Et encore une autre. À la fin, Julie demande à sa mère :

— Maman, est-ce que tu me laisses m'endormir maintenant, ou si tu veux encore chanter ?

●

Une femme voulait maigrir. Elle suit un régime au poisson pendant un mois complet. Puis elle va voir son médecin.

— Alors, madame, votre régime au poisson vous a-t-il fait maigrir?

— Non, pas vraiment, mais j'ai beaucoup moins peur de l'eau maintenant!

•

— Quel âge elle a, ta maison?
— Six ans.
— Oh! la la! elle n'a pas encore fini de grandir.

•

— J'aimerais tellement avoir cent dollars de dettes!

— Mais tu es complètement malade! Pourquoi souhaites-tu une chose pareille?

— Ben, j'ai cinq cents dollars de dettes...

•

Sandra et son amie Kim se racontent des choses en secret. Mais Annie, la petite sœur de Kim, les espionne. Elle veut absolument connaître les secrets des deux grandes.

— Allez, dis-moi ce que vous vous racontez!

— Pas question, ça ne te regarde pas!

— S'il te plaît, qu'est-ce que tu lui as dit?

— Rien.

— Ah! Sois gentille, dis-le!

— D'accord: le.

●

Un nigaud s'en va au cinéma et présente sa carte d'assurance-maladie au guichet.

— Mais monsieur, lui dit la caissière, que voulez-vous que je fasse de cette carte?

— Je m'en viens voir le Docteur Zhivago.

●

Qu'est-ce qui a des boutons mais ne se gratte jamais ?

Une chemise !

●

Qu'est-ce que l'Italie produit plus que tous les autres pays ?

Des Italiens !

●

— Est-ce que ça t'ennuie ce que je te raconte ?

— Non, non. Mais n'oublie pas de me réveiller quand tu auras fini.

●

Deux fous vont se coucher. Quelques minutes après, un fou dit :

— Hé, dors-tu ? Pas de réponse.

— Youhou ! Dors-tu ? Toujours pas de réponse.

— Hé ! Pourquoi tu ne me réponds pas ?

— Je ne peux pas, je dors.

●

— Écris-tu avec ta main gauche ou avec ta main droite ?

— Moi ? J'écris avec un crayon !

•

Carla : Connais-tu la blague du gars qui avait perdu la mémoire ?

Hugues : Non.

Carla : Euh… c'est bête, je n'arrive pas à m'en rappeler.

•

Si toutes les vaches parlaient en même temps, que diraient-elles ?

Rien. Les vaches ne parlent pas.

•

— Quel est l'animal le plus propre du monde ?

— Le chat ?

— Non, le taureau.

— Pourquoi ?

— Parce qu'il essuie toujours ses pattes avant de foncer !

•

Kevin : Qu'y a-t-il au bout du chat ?

Madeleine : Une queue.

Kevin : Non, un « t ».

•

Tim : Tu as une banane dans l'oreille.

Tom : Quoi ?

Tim : Tu as une banane dans l'oreille.

Tom : Quoi ?

Tim : J'ai dit : tu as une banane dans l'oreille.

Tom : Pardon ?

Tim : TU AS UNE BANANE DANS L'OREILLE.

Tom : Parle plus fort, j'ai une banane dans l'oreille.

•

Jérémie : Où peut-on trouver un fleuve complètement sec ?

Josée : Je ne sais pas.

Jérémie : Sur une carte.

•

Que trouve-t-on au mois de février mais pas dans les autres mois?

La lettre f.

•

François demande à son grand frère:
— Qu'est-ce que tu as trouvé le plus dur quand tu as commencé à jouer au hockey?
— La glace!

•

Pourquoi ça ne sert pas à grand-chose d'envoyer un télégramme à Sainte-Thérèse?

Parce qu'elle est morte depuis un bon bout de temps!

•

Ce n'est ni ma soeur ni mon frère, et pourtant, c'est l'enfant de mon père et de ma mère. Qui est-ce?

C'est moi.

•

À quel moment est-ce le plus économique d'appeler son ami japonais ?

Quand il n'est pas là !

•

Comment les vampires traversent-ils la mer ?

Dans des vaisseaux sanguins.

•

Martine : À quel animal penses-tu le plus souvent ?

Élaine : Au pou.

Martine : C'est vrai ?

Élaine : Oui, je l'ai toujours en tête.

•

Savez-vous ce qui est jaune et passe à travers les murs ?

Une banane magique.

Maintenant, savez-vous ce que c'est une tache rouge sur un mur ?

Une tomate qui se prend pour une banane magique.

•

— Il y a des choses que mon petit frère n'a pas encore comprises.

— Comme quoi?

— Eh bien, hier, il a demandé à ma grand-mère depuis quand elle connaissait ma mère!

•

— Sais-tu comment reconnaître un nigaud dans un sous-marin?

— Non.

— C'est celui qui a un parachute.

•

Je suis petit et très connu. Qui suis-je?

Un inconnu (nain connu)!

•

Adam: Sais-tu quel lapin ne mange jamais de carottes?

René: Non.

Adam: Le lapin de Pâques en chocolat.

•

Le prof : Comment appelle-t-on un homme qui tue son père ?

L'élève : Un parricide.

Le prof : Comment appelle-t-on un homme qui tue son frère ?

L'élève : Un fraticide.

Le prof : Comment appelle-t-on un homme qui tue son beau-frère ?

L'élève : Un insecticide.

Le prof : Hein ! Comment ça ?

L'élève : Mais oui, parce qu'il tue l'époux de sa sœur !   (les poux)

●

Martin : Quelle est la différence entre quelqu'un qui tombe du vingtième étage et quelqu'un qui tombe du premier étage ?

Katherine : Quand celui du vingtième étage tombe, on entend : « AAAAAAAH ! BOUM ! » Quand celui du premier étage tombe, on entend : « BOUM ! AAAAAAAH ! »

●

— Tu connais l'histoire du lit vertical?

— Non.

— C'est une histoire à dormir debout!

●

Aaron visite son amie qui possède un bel aquarium.

— Pourquoi tes poissons nagent toujours dans l'eau?

— Ben... parce qu'ils ne peuvent pas nager dans l'air!

●

Une femme à son vieux mari:

— Mon chéri, aimerais-tu être enterré au cimetière du Souvenir?

— Oui, mais j'aimerais mieux mourir avant!

●

Léo : Sais-tu ce que dit un extrater-restre dans un frigo?

Philippe : Non.

Léo : Ils sont extra tes restes.

●

On organise une grande fête pour une centenaire. Un journaliste lui demande :

— Quelle est la raison principale de votre longévité ?

— La raison principale, c'est que je suis née il y a un siècle !

•

Un fakir entre dans une quincaillerie et demande deux mille clous.

— Mais que voulez-vous faire avec tout ça ? demande le vendeur.

— Ma femme veut refaire le lit.

•

Une puce vient de gagner le million à la loto.

— Chanceuse ! lui dit une de ses amies. Qu'est-ce que tu vas faire avec tout cet argent ?

— Je crois que je vais m'acheter un chien !

•

Quel est le nom le plus lourd à porter ?

Roch Lapierre.

•

Antoine : Sais-tu où dorment mes poissons ?

Danielle : Non.

Antoine : Dans un lit d'eau.

•

— Qu'est-ce que tu ferais si tes parents n'avaient le droit de rien dire ?

— J'achèterais un chandail blanc, un pantalon blanc, des bas blancs et des souliers blancs.

— Et puis ?

— Et puis, j'irais jouer dans la boue !

•

Quel est le gâteau qui fait le plus de bruit ?

L'éclair au chocolat !

•

— Sais-tu de combien de jours a eu besoin Patrick Roy pour se remettre de son appendicite?

— Non.

— À peine dix (appendice).

•

— Quelle est la boisson la plus forte du monde?

— Euh... le cognac?

— Non, l'eau.

— Comment ça?

— Parce qu'elle transporte les bateaux!

•

Quel poulet n'est jamais en retard?
Le poulet pressé.

•

Qu'est ce qui commence et finit par T, et qui est rempli de T?
Une tasse de thé.

•

— Maman, est-ce que tu punirais quelqu'un pour une chose qu'il n'a pas faite?

— Mais non!

— Ah! Fiou! Alors je n'ai pas fait mes devoirs.

•

Au restaurant:

— Garçon, dit le client, je tiens à vous féliciter sincèrement pour la propreté de la cuisine.

— Mais comment pouvez-vous dire ça? L'avez-vous visitée?

— Non, mais je suis sûr qu'elle doit être très propre parce que mon repas a un fort goût de savon!

•

Deux copains bavardent.

— Connais-tu le sport où les joueurs se cognent et deviennent fous?

— Non.

— Le kung-fu.

•

Deux dames se rencontrent :

— Alors, comment va votre bébé ?

— Oh, très bien ! Il marche depuis trois mois.

— Trois mois ! Il doit être rendu très loin.

•

Qu'est-ce qui vole et qui n'a pas d'ailes ?

Un voleur.

•

Pourquoi les chiens jappent-ils ?

Pour ne pas qu'on les confonde avec des chats.

•

— Qu'arrive-t-il au hibou dans une forêt en feu ?

— Je ne sais pas.

— Hiboucane.

•

La prof : Comment naissent les poissons ?

Odile : Dans des œufs.

La prof : Et les grenouilles ?

Virginie : Ce sont d'abord des têtards.

La prof : Et d'où viennent les serpents ?

Aurèle : Des oeufs.

La prof : Et les oiseaux ?

Ariane : Ils naissent dans des oeufs aussi.

La prof : Et les lapins, eux, d'où viennent-ils ?

Jeanne : Des chapeaux de magiciens !

●

— Qu'est-ce qui est blanc et noir et qui se promène sur trois pattes ?

— Je ne sais pas.

— Un zèbre qui a une jambe dans le plâtre !

●

Je ne me sers jamais de mes dents pour manger. Qui suis-je?
Le peigne.

•

Marc-Antoine est au dépanneur. Trois personnes attendent déjà à la caisse. Il se précipite pour payer et passe devant tout le monde. La caissière, intriguée, lui dit:
— Tu n'es pas gêné, toi. Pourquoi es-tu si pressé?
— Mon père m'a envoyé chercher quelque chose et m'attend avec impatience. Pouvez-vous me servir avant les autres?
— Bon, d'accord. De quoi a-t-il besoin, ton père?
— De papier de toilette...

•

Quel est le comble de la patience?
Attacher les patins d'un mille-pattes!

•

Lison : Alors, as-tu reçu la guitare que tu voulais pour Noël?

Sophie : Oui, mais je l'ai jetée.

Lison : Pourquoi?

Sophie : Il y avait un gros trou en plein milieu.

•

Alexandre a la grippe. Quand le docteur a fini de l'examiner, Alexandre demande au docteur :

— Docteur, je vous promets d'être courageux, alors dites-moi la vérité. Quand dois-je retourner à l'école?

•

Étienne : Papa, est-ce que ça coûte cher la moutarde?

Le père : Non.

Étienne : Ah bon! alors je me demande pourquoi maman a crié si fort quand j'ai renversé la bouteille de moutarde sur mon chandail!

•

— Pourquoi les circulaires des magasins d'alimentation ne disparaîtront jamais?

— Je ne sais pas.

— Parce qu'on en aura toujours besoin pour tuer les mouches!

•

Le prof: Est-ce que la Lune est habitée?

Benoit: Non.

Le prof: Peux-tu me dire pourquoi?

Benoit: Facile! C'est parce que les gens ne sauraient plus par où se tenir quand elle est décroissante!

•

C'est l'heure du dîner:

— Maman, pourquoi tu me demandes toujours de me laver les mains avant les repas? Tu n'as jamais remarqué que je mange toujours avec une fourchette et un couteau?

•

— Où dorment les compositeurs de musique ?

— Je ne sais pas.

— Sur le sol, sur le do.

•

Qu'est-ce qui a des dents mais ne mord pas ?

Un peigne !

•

Pourquoi un boa en liberté ne peut-il jamais rencontrer un python ?

Parce qu'il vit en Amérique tropicale et le python, en Afrique.

•

Au restaurant :

— Avez-vous des cuisses de grenouille ? demande la cliente.

— Oui, madame, répond le serveur.

— Pauvre vous ! Si vous portez toujours des pantalons, personne ne devrait s'en apercevoir !

•

Au restaurant :

— Je vais prendre une poitrine de poulet sans frites, s'il vous plaît.

— Je suis désolé, monsieur, il ne reste plus de frites. Est-ce que je peux vous servir une poitrine de poulet sans patates pilées ?

•

Qu'est-ce qui saute, mais n'a pas de pattes, pas de bras et pas de tête ?

Du maïs soufflé !

•

Pourquoi les robots ne paniquent-ils jamais ?

Parce qu'ils ont des nerfs d'acier.

•

— Est-ce que tu crois que les petites annonces dans le journal sont efficaces ?

— Oh oui.

— Tu en es sûr ?

— Absolument. Tu vois, la semaine dernière, j'ai publié une annonce disant que j'avais besoin d'un chien de garde. Eh bien, dès le lendemain, j'ai été cambriolé !

•

— Comment peut-on placer quatre éléphants dans une voiture ?
— Je ne sais pas.
— C'est simple, on en assoit deux en avant et deux en arrière.

•

Quel est l'aliment préféré des agents de police ?
L'amande (amende).

•

Je fais bzzzz et je fais dong !
Qui suis-je ?
Un bourdon.

•

Le fils de Dracula arrive de l'école en pleurant.

— Mais qu'est-ce qui t'arrive, mon petit ? lui demande sa maman.

— Tout le monde se moque de moi. À l'école tout le monde me dit que j'ai des grandes dents. C'est pas vrai, hein, maman ?

— Mais non, ce n'est pas vrai. Mais lève la tête, tu vas égratigner le plancher !

•

Depuis une heure, une dame cherche une muselière pour son chien dans une animalerie. Elle n'arrête pas de crier après le vendeur, fait des critiques sur la marchandise, ne trouve rien à son goût, bref, elle est insupportable ! Enfin, elle fait son choix.

— Bon, madame, dit le vendeur, vous voulez un sac ou vous la mettez tout de suite ?

•

Quelle est la différence entre un hélicoptère et quelqu'un qui a trop bu ?

Il n'y en a pas, les deux ont la tête qui tourne !

•

Le père : Franchement, Alexis, tu pourrais te forcer un peu plus à l'école ! Pense un peu à George Washington. Te rends-tu compte qu'à ton âge, il était le premier de sa classe ?

Alexis : Peut-être, mais à ton âge, il était déjà président des États-Unis !

•

Que font les grosses bananes ?

Elles se mettent au régime !

•

— Sais-tu ce qui arrive aux serpents qui boivent trop de bière ?

— Non.

— Ils ont la gueule de boa !

•

Un drôle de bonhomme se promène sur la rue en traînant une longue corde derrière lui. Comme il a l'air vraiment louche, un policier qui l'aperçoit décide de le suivre. Au bout d'un moment, le drôle de bonhomme se retourne et demande au policier :

— Avez-vous vu l'homme invisible ?

— Non.

— Si jamais vous le croisez, vous lui direz que j'ai trouvé son chien invisble.

•

Qui a écrit le livre « Comment nourrir les chiens » ?

Monsieur O.S. Amœlle. (os à moelle)

•

Le professeur : Vincent, combien y a-t-il de saisons dans l'année ?

Vincent : Deux, la saison du hockey et la saison du baseball.

•

Jeanne revient du zoo.

— Maman, j'ai vu un animal très dangereux et très méchant !

— Ah oui ? Lequel ?

— Le rhino-féroce !

•

Où vas-tu quand ta tante arrive ?
Faire du camping.

•

Si elle trouve une chose facile à faire, que dit une sorcière à son mari ?
Ce n'est pas sorcier !

•

— Monsieur, dit le juge, pourquoi n'avez-vous pas rapporté ce bracelet tout de suite au poste de police après l'avoir trouvé ?

— Je ne croyais pas que c'était nécessaire. Sur le bracelet, c'était écrit :
À toi pour toujours.

•

— Pourquoi les éléphants apportent-ils leurs raquettes sur la plage ?

— Pour ne pas s'enfoncer dans le sable.

— Pourquoi les autruches mettent-elles la tête dans le sable ?

— Pour discuter avec les éléphants aux raquettes de mauvaise qualité.

•

Quelle différence y a-t-il entre un crocodile et un alligator ?

Il n'y en a pas. C'est caïman la même chose ! (quasiment)

•

Le jardinier : X&%X %$&@##@QQQ !

Carl : Monsieur le jardinier, pourquoi dites-vous des gros mots à vos tomates ?

Le jardinier : C'est pour les faire rougir !

•

Sarah : Sais-tu pourquoi les otaries sont recouvertes de gros poils noirs ?

Charles : Non.

Sarah : Parce qu'elles auraient l'air idiotes avec un imperméable !

●

Que dit le pot de jus de tomates au pot de jus d'orange ?

Jus vous d'orange pas trop ? (dérange)

●

Qu'est-ce que les Martiens mettent sur leurs rôties au déjeuner ?

Un objet collant non identifié.

●

Pendant toute la journée et toute la nuit, nous tournons toujours en rond. Moi, je suis grande et je vais vite, mon amie est plus petite et se promène très lentement. Qui sommes-nous ?

Les deux aiguilles d'une montre !

●

— Qu'est-ce qui est jaune et qui fait très peur?

— Je ne sais pas.

— Un poussin avec un pétard à mèche.

●

Deux copines bavardent.

— J'ai un mari en or, dit la première. Et toi, il est comment ton mari?

— Le mien, il est en tôle, dit la deuxième.

●

Patrick: Qu'est-ce qui est noir, blanc, noir, blanc, noir, blanc?

Daisy: Je ne sais pas.

Patrick: Un zèbre qui déboule l'escalier.

●

Pourquoi dit-on que la calvitie n'est pas une maladie grave?

Parce qu'il n'y a jamais de rechute!

●

Une mère inquiète amène sa fille chez le médecin :

— Docteur, c'est ma fille. Elle ne va pas bien du tout. Elle n'a pas voulu se lever ce matin.

— Dis-moi, ma petite, où as-tu mal ?

— J'ai mal à l'école !

•

— Sais-tu ce qui est le plus dur quand on apprend à patiner ?

— Non.

— La glace.

•

Quelle est la différence entre un oiseau et un voleur ?

L'oiseau ne rate jamais son vol.

•

— Connais-tu la blague de l'autobus ?

— Non.

— Trop tard, il est déjà passé !

•

La saison de la chasse au canard n'est pas encore commencée mais monsieur Gallant y va quand même. Il est vraiment très chanceux car à peine deux heures après son arrivée, il tire sur son premier canard. Il s'installe au bord d'un lac et commence à plumer sa prise. Soudain, il entend des pas. Comme il a très peur de se faire prendre par un garde-chasse, il lance l'oiseau au bout de ses bras dans le lac, et se met à siffler comme si de rien n'était.

— Bonjour monsieur! lui dit le garde-chasse.

— Bonjour!

— Je dois vous arrêter car la chasse au canard est interdite.

— Oui, oui, je le sais! Je ne chassais pas!

— Ah! non? Et c'est quoi, ce petit tas de plumes à vos pieds?

— Ça? C'est un canard qui est parti se baigner et qui m'a demandé de surveiller ses vêtements...

•

— Quelle est la plante qu'il vaut mieux ne pas donner à un végétarien ?

— Je ne sais pas.

— Une plante carnivore.

●

Sophie : Tu connais le comble pour un aspirateur ?

Vincent : Non.

Sophie : C'est d'être allergique à la poussière !

●

Martin : Je suis allé en camping en fin de semaine avec mon oncle.

Étienne : Chanceux ! As-tu aimé ça ?

Martin : Oh oui ! On a même fait du feu avec deux bouts de bois.

Étienne : Es-tu sérieux ? Il paraît que c'est très difficile à faire.

Martin : Pas quand un des deux bouts de bois est une allumette...

●

— Madame, j'ai un grave problème avec mes amygdales, raconte Jules à son professeur.

— Oh, est-ce que ça te fait beaucoup souffrir ?

— Non, seulement quand j'essaie de l'épeler.

•

Comment s'appelle l'aumônier des joueurs de tambour ?

Le père Cussion.

•

C'est un philosophe qui a déniché une fille belle comme le jour. Elle est fascinée par son intelligence. Il est subjugué par sa beauté. Il lui dit :

— Désormais, nous ne devons plus faire qu'un !

Et elle lui réplique :

— Oui, mon amour ! mais lequel ?

•

Nadia : Quelle étoile peut-on atteindre sans vaisseau spatial ?

Christophe : Je ne sais pas.

Nadia : L'étoile Ette. (les toilettes)

•

Normand : Qu'est-ce qui est blanc, noir, blanc, noir et rouge ?

Alain : Je ne sais pas.

Normand : Un zèbre très timide.

•

Que dit un fantôme à son ami malade ?

Tu es blanc comme un drap !

•

Comment appelle-t-on un nain qui sort d'une boulangerie avec une baguette ?

— Un agenda... car c'est un petit qu'a le pain ! (petit calepin)

•

Jacques : Pourquoi ton serin ferme les yeux quand il chante ?

Alexis : Parce qu'il connaît sa chanson par cœur !

●

Qu'est ce qu'un point rouge dans le ciel ?

— Une mouche qui saigne du nez.

●

— Quel est ton plat préféré ?

— Quoi ! Tu manges des plats, toi ?

●

Deux fiancés sont assis sur un banc public, dans un jardin.

— Chérie, dit le jeune homme, j'aime vos yeux, vos cheveux, la couleur de votre teint, enfin votre beauté...

— Et vous, qu'aimez-vous en moi ?

— Mais chéri, votre bon goût !

●

La prof : Quel est le futur du verbe voler ?

L'élève : Aller en prison.

•

Qu'a fait Christophe Colomb après avoir mis le pied en Amérique ?

Il a mis l'autre !

•

Catherine : Connais-tu la différence entre un drap et du papier de toilette ?

Brigitte : Non.

Catherine : Eh bien, je ne t'inviterai jamais à dormir chez moi !

•

— Alors ! Zéro partout ! s'écrie le père en consultant les notes de son fils. Qu'est-ce que tu vas encore donner comme explication ?

— Ben, dit le fils, j'hésite entre l'hérédité et l'environnement familial.

•

Un schtroumpf a été emprisonné pour 10 ans, savez-vous pourquoi ?

Il avait schtroumpfé !

•

Juliette : Sais-tu pourquoi les abeilles ne s'attaquent jamais aux policiers ?

Charlotte : Non.

Juliette : Elles ont trop peur de se faire arrêter, parce que piquer c'est voler.

•

Le docteur demande à son patient :

— Alors, monsieur, avez-vous suivi mon conseil pour vos problèmes de respiration ?

— Oui, docteur, j'ai dormi toute la semaine la fenêtre ouverte, et maintenant ça va très bien ! Il y a juste un problème, ma femme s'est fait voler tous ses bijoux, et moi, ma montre !

•

Bernard : Sais-tu ce qu'on obtient quand on croise un perroquet avec un serin ?

Jean : Non.

Bernard : Un oiseau qui peut chanter avec paroles et musique.

•

Qu'est-ce qui est noir, blanc, noir ?
Un biscuit Oréo !

•

Annick vient de commencer sa première année. À son retour à la maison, sa mère lui demande :

— Est-ce que tu as aimé l'école ?

— Ouais, mais c'est bizarre. On dirait que ma maîtresse ne connaît rien.

— Pourquoi dis-tu ça ?

— Elle a passé la journée à nous poser des questions. Elle m'a même demandé le nom de notre école !

•

La prof : Lisette, qu'est-ce qu'une huître ?

Lisette : C'est un poisson qui est fait comme une noix.

●

— Comment s'appelle l'homme le plus peureux de la terre ?

— Je ne sais pas.

— Paul Tron.

●

Que trouve-t-on dans les trois mois d'été mais pas dans les autres mois ?

La lettre U.

●

— Docteur ! Docteur ! Que dois-je faire ? Ma petite fille vient d'avaler sa fourchette !

— Dites-lui de manger avec ses doigts !

●

Alexandre est au zoo et se tient devant l'enclos des serpents en leur faisant des grimaces.

— Mais qu'est-ce que tu fais là ? lui demande le gardien.

— C'est eux qui ont commencé !

•

Monsieur Lapin entre au magasin de jouets :

— Donnez-moi deux cents camions et deux cents casse-tête, s'il vous plaît.

— C'est pour offrir ?

— Oui, à mes enfants.

•

Comment peut-on redresser un bossu ?

— Il faut attendre un bel orage, puis le mettre sous un arbre.

— Pourquoi donc ?

— Parce qu'il sera frappé par un éclair. Et un éclair, ça foudroie !

•

Que dit un parapluie qui croise une canne ?

Tiens, une nudiste !

•

Sur un ring, il y a un boxeur qui est en train de se faire sérieusement malmener par son adversaire. Il a du sang dans les yeux. Il n'y voit plus grand-chose. Il envoie les poings en avant dans le vide. Entre deux rounds, il demande à son soigneur :

— Tu crois que j'ai encore une chance de l'avoir ?

— Pour sûr. Si tu continues à agiter l'air autour de lui, il va certainement attraper une pneumonie...

•

Est-ce vrai que ça porte malchance de croiser un chat noir ?

Si on est une souris, oui.

•

À l'hôtel, le client demande :

— Est-ce que cette chambre est calme ?

— Oh oui, monsieur, très calme.

— J'espère qu'il n'y a pas de coquerelles !

— Oh, il y en a bien quelques-unes, mais ne vous inquiétez pas, elles ne font pas de bruit !

•

— Qu'est-ce que le début de la fin ?
— Je ne sais pas.
— La lettre F !

•

— Docteur, mon mari a avalé un mouton !

— Et est-ce que ça a changé quelque chose à votre vie ?

— Oui, maintenant, il me dit toujours qu'il me trouve be-e-e-e-elle !

•

La mère : Richard ! Pourquoi as-tu mis un ver de terre dans le lit de ta sœur ?

Richard : Ben... parce que je n'ai pas trouvé d'araignée !

•

Léon : Quelle est la différence entre un peintre et un coiffeur ?

Francine : Je ne sais pas.

Léon : Il n'y en a pas, ils peignent tous les deux !

•

Le professeur : Je me demande, Simon, ce que ton père dirait si je lui montrais ce devoir ?

Simon : Je ne sais pas trop, c'est lui qui l'a fait !

•

Le prof : Jean, quel est l'animal qui s'attache le plus à l'homme ?

Jean : Euh... la sangsue ?

•

Quel est le comble de la vantardise ?

C'est quelqu'un qui dit : Est-ce que tu as déjà entendu parler de la mer Morte ? Eh bien, c'est mon père qui l'a tuée !

•

Drrring !
— Allô !
— Bonjour. Charlie ?
— Oui.
— Je parle bien à Charlie ?
— Oui, oui, c'est moi !
— Charlie de la rue Saint-André ?
— C'est bien ça !
— Dis donc, Charlie, est-ce que tu pourrais me prêter cinq dollars ?
— Écoute, euh... je vais demander à Charlie de te rappeler à son retour...

•

Pourquoi les poules détestent-elles les tremblements de terre ?

Parce que ça leur fait pondre des œufs brouillés.

•

— Savais-tu qu'Arsène Lupin et Dracula se sont associés ?

— Non, que font-ils ?

— Ils cambriolent les banques de sang !

•

Martin : Qu'est-ce qui est aussi gros qu'un éléphant, mais ne pèse rien ?

— Je ne sais pas.

— Son ombre.

•

Est-il possible de monter en bas ?

Oui, si on enlève nos chaussures !

•

La prof : Geneviève, pourquoi es-tu en retard ?

Geneviève : C'est ma mère qui a eu besoin de moi.

La prof : Pour quoi faire ?

Geneviève : Pour me donner une punition...

•

Noémie : Sais-tu quel est le meilleur exercice pour garder la taille fine ?

Claudie : Non.

Noémie : C'est la natation.

Claudie : Ah oui ! As-tu déjà bien regardé une baleine ?

●

Le prof de Vincent veut lui faire la morale :

— Qu'arrive-t-il aux enfants qui ne disent jamais la vérité ?

— Ils deviennent météorologistes !

●

Dans un village de cannibales, la sage-femme annonce à la nouvelle maman :

— Félicitations ! C'est une belle petite fille de quatre kilos. C'est pour emporter ou pour manger ici ?

●

— Mon voisin ne comprend rien aux ordinateurs.

— Qu'est-ce qui te fait dire ça?

— Pour corriger ses fautes, il met du liquide correcteur sur l'écran.

•

Quel est l'arbre qui travaille le plus fort?

Le bouleau.

•

Il tombe deux fois plus de neige dans ma cour que dans celle de mon voisin. Pourquoi?

Parce que ma cour est deux fois plus grande!

•

Émilie: As-tu déjà pris un bain de boue?

Émile: Non, moi je prends toujours un bain assis.

•

Deux petites sœurs se parlent :

— J'ai faim !

— Moi aussi !

— Mais ce n'est pas encore l'heure de manger.

— Qu'est-ce qu'on va faire ?

— Attends ! J'ai une bonne idée ! Maman ! Veux-tu t'amuser avec nous ?

— Oui, répond la mère. À quoi voulez-vous jouer ?

— On va jouer au zoo !

— D'accord ! Que faut-il que je fasse ?

— Eh bien, nous on fait les éléphants, et toi tu fais une visiteuse qui leur lance plein d'arachides !

●

Le frère : Pourquoi tu traînes toujours une serviette quand tu vas demander à papa si tu peux rentrer plus tard ?

La sœur : Parce que je sais que je vais essuyer un refus !

●

Jérôme est chez le boulanger avec sa mère. La boulangère lui offre un petit pain :

— Qu'est-ce qu'on dit ? demande sa maman.

Le petit garçon tend alors son pain à la boulangère et s'exclame :

— Du beurre s'il vous plaît madame !

•

Vincent : Geneviève, qu'est-ce que tu m'as dit que tu avais donné à ton chat quand il a été malade ?

Geneviève : Du savon à vaisselle.

Vincent : Bon ! C'est ça que je lui ai donné mais il est mort.

Geneviève : C'est bizarre, hein ? Le mien aussi est mort !

•

Comment appelle-t-on un nez qui vient de naître ?

Un nouveau-nez !

•

Madame Fournier : Tu te souviens, mon chéri, du beau porte-clés que tu avais perdu l'année dernière ?

Monsieur Fournier : Oui, oui !

Madame : Eh bien, imagine-toi donc que ce matin, je retrouve ton vieux veston bleu. Et qu'est-ce que je trouve dans la poche ?

Monsieur : Mon porte-clés !

Madame : Non, mais le trou par lequel il a dû tomber.

•

Le prof : Quel astre est le plus utile, le soleil ou la lune ?

L'élève : C'est la lune !

Le prof : Pourquoi ?

L'élève : Le soleil est là pendant le jour, alors qu'il fait clair. C'est un peu comme s'il ne servait à rien. Tandis que la lune nous éclaire la nuit, quand il fait noir !

•

Qu'est-ce qui est bleu, blanc et rouge ?

Un schtroumpf qui saigne du nez !

•

Qu'est-ce qui est : jaune-gris-jaune-gris-jaune-gris ?

Un éléphant qui tombe d'une montagne avec une jonquille dans la bouche.

•

Héloïse : Quelle est la chose qu'il ne faut surtout pas oublier de faire le 24 décembre ?

Claudine : Je ne sais pas.

Héloïse : Nettoyer la cheminée.

•

Émilie : Sais-tu comment se baignent les menuisiers ?

Georges : Je ne sais pas.

Émilie : Ils font la planche.

•

Savez-vous pourquoi les poules marchent encore quand elles n'ont plus de tête ?

Parce qu'elles ont perdu la tête.

●

Un nigaud qui roule à toute vitesse se fait arrêter par un policier.

— Dites donc, vous ! Les limites de vitesse, ça ne vous dit rien ? Je vais être obligé de vous donner un billet !

— Ah bon ! C'est pour quel tirage ?

●

Un petit chien revient de l'école.

— Qu'est-ce que tu as appris aujourd'hui ? lui demande sa maman.

— On a eu un cours de langue étrangère.

— As-tu appris à dire quelque chose ?

— Oui : miaou.

●

La grand-mère : Bonjour, ma petite Rosalie, tu reviens de l'école ?

Rosalie : Oui, grand-maman.

La grand-mère : Tu aimes ça ?

Rosalie : Oui.

La grand-mère : Et qu'est-ce que tu fais à l'école ?

Rosalie : J'attends qu'on sorte.

●

Un homme entre dans le bureau du médecin. Ses mains n'arrêtent pas de trembler.

— Dites donc, monsieur, vous buvez beaucoup d'alcool ? demande le médecin.

— Non, pas tellement, j'en renverse beaucoup.

●

— Qu'est-ce que tu donnes à tes parents pour Noël ?

— Une liste de tout ce que je veux avoir !

●

Un touriste s'est perdu dans la forêt. Il aperçoit une toute petite maison. Il frappe et demande :

— Il y a quelqu'un ?

— Oui, répond une petite fille.

— Est-ce que ta maman est là ?

— Non, elle est sortie quand mon père est entré.

— Et ton père, il est là ?

— Il est sorti quand je suis entrée.

— Mais vous n'êtes donc jamais ensemble à la maison dans votre famille ?

— À la maison, oui. Ici, c'est la toilette.

●

— Savais-tu que ma lampe sait parler ?

— Non. Qu'est-ce qu'elle dit ?

— Chaque matin, elle me dit : Abatjour !

●

— Tiens, tu as fait couper la queue du chien?

— Oui, ma belle-mère venait réveillonner à la maison et je ne voulais pas qu'elle puisse croire que le chien était content...

•

Où retrouve-t-on le plus souvent des arachides?

Là où on les a laissées!

•

Comment trouve-t-on une chose qui a sept nez, quatre bouches, six yeux et cinq oreilles?

On la trouve laide.

•

Qu'est-ce qu'une oreille dit à une autre oreille?

Entre toi et moi, on aurait peut-être besoin d'une bonne coupe de cheveux!

•

Le prof : Pourquoi es-tu en retard ce matin, Mélanie ?

Mélanie : Parce que sur le chemin, j'ai vu plein de panneaux qui disaient « École, lentement ».

•

Deux serpents discutent dans le désert :

— Ça n'a pas l'air d'aller ce matin ?

— Je suis rentré tard hier soir et j'ai la gueule de boa...

•

Quelle est la différence entre un monstre et un éléphant ?

Le monstre n'a pas de mémoire.

•

À quelle question ne peut-on jamais répondre oui ?

Dors-tu ?

•

Un éleveur de moutons donne chaque matin un petit morceau de fer à ses bêtes.

— Pourquoi fais-tu ça? lui demande un copain intrigué.

— C'est parce que je veux que mes moutons donnent de la laine d'acier.

●

Sam : Il fait froid aujourd'hui, hein?

Dany : Je comprends!

Sam : C'est pour ça que tu as mis tes combinaisons?

Dany : Hein! Comment as-tu deviné que j'avais mis mes combinaisons ce matin?

Sam : Très facile. Tu n'as pas mis ton pantalon!

●

Qu'est-ce que tu fais si un ballon plein d'eau t'éclate en pleine figure?

Tu fais dur!

●

— Quel est le comble de la patience ?

— Je ne sais pas.

— Tricoter des mitaines de schtroumpf avec des gants de boxe !

•

Pourquoi Graham Bell n'aurait pas pu être prêtre ?

Parce qu'on l'aurait appelé l'abbé Bell. (bébelle)

•

Comment faire pour arrêter une mouffette de sentir ?

On lui met une épingle à linge sur le nez.

•

— Connais-tu la blague de la télévision en trois dimensions ?

— Non.

— Ça ne m'étonne pas, elle n'a pas encore été inventée !

•

Nathalie : Peux-tu me nommer un mot que tu ne dis qu'une fois par jour ?

Liette : Euh... le mot céréales.

Nathalie : Pardon ?

Liette : J'ai dit « céréales ».

Nathalie : Ah ! ah ! tu l'as dit deux fois !

•

Claudia : Sais-tu où se trouve la ville de Trois-Rivières ?

Marie-Josée : Oui, elle est sur la carte du Québec.

•

André : Sais-tu qui reste toujours dans son lit mais ne dort jamais ?

Maryse : Non.

André : Une rivière.

•

Je suis un nez qui sépare la Terre en deux.

Un nez-quateur.

•

Quel est le comble du courage ?
Mettre des bottines à un mille-pattes.

•

— Comment on fait pour ouvrir cette boîte ?
— C'est facile, tu n'as qu'à suivre les instructions, elles sont dans la boîte...

•

Le docteur prescrit au gros André cinq cents pilules pour maigrir.
— Combien dois-je en prendre par jour, docteur ?
— Aucune, tu les laisses tomber par terre tous les jours et tu les ramasses, ça t'aidera.

•

Savez-vous pourquoi mon chien a le nez plat ?
Parce qu'il court après les autos arrêtées.

•

— Dis moi, Pierrot, dans quel pays y a-t-il le plus de chats ?

— Dans le désert, répond Pierrot.

— Le désert ? demande le professeur étonné.

— Bien oui, répond Pierrot, dans le désert du Chahara. (Sahara)

•

Pourquoi les éléphants portent-ils des bas bleus ?

Parce que des blancs, c'est trop salissant.

•

Comment appelle-t-on un nain qui vient d'acheter un étang ?

Un mollusque... c'est un petit qu'a la mare. (calamar)

•

Joël : Un rat, ça finit par quoi ?

Maribelle : Par un t ?

Joël : Non, par une queue !

•

Un petit garçon se promène avec sa mère, ils sont deux. Son père arrive, ils sont quatre. Pourquoi?

Le petit garçon ne sait pas compter.

●

— Maman, dit Caroline, mon professeur ne sait même pas à quoi ressemble une vache!

— Pourquoi tu dis ça?

— Hier, j'ai dessiné une vache et quand il a vu mon dessin, il m'a demandé ce que c'était.

●

— Écoute, Benoit, je commence à en avoir assez! Ça fait au moins dix fois que je te demande de me remettre la cassette de Nintendo que je t'ai prêtée!

— Peut-être, mais te souviens-tu du nombre de fois que j'ai dû te la demander avant que tu me la prêtes?

●

Passant devant une ferme, un auto-mobiliste écrase une poule. Navré de l'accident, il ramasse la victime et, apercevant un enfant, lui demande :

— Est-ce que tu penses que cette poule vient de ta ferme ?

— Ça m'étonnerait beaucoup, répond l'enfant, les nôtres lui ressemblent beaucoup, mais elles ne sont pas si plates.

●

— Comment s'appelle le plus célèbre analyseur de tremblement de terre ?

— Je ne sais pas.

— Yvon Tremblay.

●

— Sais-tu pourquoi les flamants roses se tiennent debout sur une seule patte ?

— Non.

— Parce que s'ils levaient les deux, ils tomberaient !

●

Jean : Si tu étais sur une île déserte, que ferais-tu s'il y avait un pommier à l'autre bout de l'île et que tu n'avais qu'un marteau, un clou et une planche d'un centimètre ?

Émilie : Je ne sais pas.

Jean : Facile, tu te frapperais sur la tête avec le marteau et tu tomberais dans les pommes.

•

Une nuit, deux sorcières reviennent à la maison, la première sur un balai, l'autre sur un aspirateur.

— Pourquoi tu ne suis pas le progrès ? Tu devrais voler sur un aspirateur !

— Oh non ! moi, je suis écologiste.

•

— Tu sais pourquoi mon cahier de mathématiques est triste ?

— Non.

— Parce qu'il a des problèmes !

•

DRRRRING!

— Oui allô, répond tout bas Normand.

— Est-ce que je pourrais parler à ta mère ou à ton père?

— Non, ils sont occupés, dit-il toujours tout bas.

— Y a-t-il quelqu'un d'autre dans la maison?

— Oui, des policiers.

— Est-ce que je peux leur parler?

— Non, ils sont occupés.

— Est-ce qu'il y a d'autre monde?

— Il y a aussi des pompiers.

— Je peux leur parler?

— Non, ils sont occupés.

— Mais voyons! Qu'est-ce qu'ils sont tous en train de faire?

— Ils me cherchent!!!

●

Pourquoi les matelots ne peuvent-ils pas écrire quand ils arrivent au port?

Parce qu'ils ont jeté l'ancre.

●

— Pourquoi les poissons nagent à reculons ?

— Je ne sais pas.

— Pour ne pas avoir d'eau dans les yeux.

●

Le père : Qui a brisé la vitre ?

Mathieu : C'est Laurence, papa. Elle s'est baissée quand je lui ai lancé une boule de neige...

●

Le patron : Vous voulez vraiment travailler pour moi ? C'est que je n'ai pas grand-chose à vous faire faire.

L'employé : Ce n'est pas grave ! Pourvu que ce soit bien payé !

●

— Sais-tu à quel moment les enfants retournent à l'école à la campagne ?

— Non.

— Juste entre le foin et le blé d'Inde !

●